Luizinho Bastos

Pergaminhos motivacionais

Para ler, mentalizar e colocar em prática

Dados Internacionais de Catalogação na Publicação (CIP)
(Câmara Brasileira do Livro, SP, Brasil)

Bastos, Luizinho

Pergaminhos motivacionais : para ler, mentalizar e colocar em prática / Luizinho Bastos. – São Paulo : Paulinas, 2015.

ISBN 978-85-356-3942-1

1. Citações 2. Cristianismo 3. Máximas 4. Mensagens 5. Motivação (Psicologia) 6. Pensamentos I. Título.

15-04726 CDD-808.882

Índices para catálogo sistemático:

1. Reflexões : Citações : Coletâneas : Literatura 808.882
2. Reflexões : Máximas 808.882

Os versículos que acompanham a reflexão dos pergaminhos foram extraídos da *Bíblia Sagrada: nova tradução na linguagem de hoje*. Paulinas Editora, 2005.

1ª edição – 2015

Direção-geral:	Bernadete Boff
Editora responsável:	Andréia Schweitzer
Copidesque:	Mônica Elaine G. S. da Costa
Coordenação de revisão:	Marina Mendonça
Revisão:	Ana Cecilia Mari
Gerente de produção:	Felício Calegaro Neto
Projeto gráfico:	Manuel Rebelato Miramontes

Nenhuma parte desta obra poderá ser reproduzida ou transmitida por qualquer forma e/ou quaisquer meios (eletrônico ou mecânico, incluindo fotocópia e gravação) ou arquivada em qualquer sistema ou banco de dados sem permissão escrita da Editora. Direitos reservados.

Paulinas
Rua Dona Inácia Uchoa, 62
04110-020 – São Paulo – SP (Brasil)
Tel.: (11) 2125-3500
http://www.paulinas.org.br – editora@paulinas.com.br
Telemarketing e SAC: 0800-7010081

© Pia Sociedade Filhas de São Paulo – São Paulo, 2015

*"O ideal custa uma vida,
mas vale a eternidade"*
(Mahatma Gandhi)

*Como são grandes as riquezas de Deus!
Como são profundos o seu conhecimento
e a sua sabedoria!
Quem pode explicar as suas decisões?
Quem pode entender os seus planos?*
(Romanos 11,33)

*Ao Papa Francisco,
dedico este livro comemorativo
de 25 anos de literatura.*

Eu vos desejo a paz

Meu irmão, minha irmã,
eu vos desejo a paz!
A paz de Deus, a paz de Cristo,
a paz do Espírito Santo que ilumina
todos os corações humanos.
Eu vos desejo a paz!
A paz de São Francisco de Assis,
a paz da Sagrada Família,
a paz de Gandhi,
a paz de Madre Teresa de Calcutá.
A paz dos poetas que sonham
em desarmar o mundo
para alimentar os povos.
A paz das crianças que cantam,
brincam, desenham pombas
e vestem o planeta de branco.
Eu vos desejo a paz!

A paz das borboletas, dos beija-flores,
das estrelas, do luar, do peixe a borbulhar.
A paz do amanhecer e do entardecer.
A paz eloquente, transcendente,
que concilia ideais, que reaviva utopias,
que globaliza sonhos e gestos heroicos.
Eu vos desejo a paz!
A paz do silêncio, motivação transformadora
que transpõe barreiras e cruza fronteiras.
A paz da natureza, a paz de línguas
e raças interconectadas, a paz multicultural.
Meu irmão, minha irmã,
recebam o meu abraço cordial,
meu desejo mais que especial, a paz,
eu vos desejo a paz!

Apresentação

Vários motivos me inspiraram a elaborar este projeto editorial com textos motivacionais. Comecei a rascunhá-los manualmente e arquivei o esboço no meu "banco de dados literários". Passaram-se alguns meses e decidi reabrir esse arquivo. Então, principiei a digitá-los e os pergaminhos começaram a se definir no meu laboratório de textos. Eu tenho a mania de ficar escrevendo, reescrevendo, lendo, relendo... É nesse duelo com as palavras e frases que produzo meus livros.

Sempre tive curiosidade sobre o significado, a origem, o visual e a confecção dos pergaminhos. Do grego *pergaméne* e do latim *pergamina* ou *pergamena*, pergaminho é o nome dado a uma pele de animal (cabra, carneiro, cordeiro ou ovelha), preparada para nela se escreverem textos, poemas, cartas, mensagens, documentos e vários outros registros. Antes da difusão do papel, esse importante suporte de escrita foi intensamente usado na Idade Média. Nos antigos mosteiros, os monges mantinham extensas bibliotecas de pergaminhos, pois nessa época dedicavam-se à cópia de manuscritos antigos.

Atualmente, os pergaminhos continuam sendo utilizados em diversas formas de confecção. Nesta obra, sua praticidade é resgatada e é proposta a leitura diária e aleatória das mensagens, que associam valores humanos e cristãos agregados à capacidade de *motivação*.

Dinâmica e roteiro dos pergaminhos

Os pergaminhos reunidos neste livro trazem textos motivacionais associados a um tema ou palavra-chave que representa preciosos valores humanos e cristãos.

Alguns pergaminhos convidam o leitor a *mentalizar* ou *imaginar* uma suposta situação em que os encontra de forma inusitada, misteriosa. Esse exercício mental facilita a interiorização do texto, incorporando os valores motivacionais e cristãos a seu pensamento.

Outros pergaminhos sugerem que se vá além da reflexão e que o texto seja compartilhado, divulgado, distribuído para outras pessoas e em variados espaços.

Os textos motivacionais são sempre acompanhados de um versículo bíblico relacionado ao tema e de uma indicação do próximo pergaminho a ser lido, mentalizado e colocado em prática, num roteiro randômico. Ao final, todos os pergaminhos terão sido lidos, de forma aleatória e interativa.

Aconselha-se que o leitor escolha um momento e local tranquilos e apropriados para a reflexão, que, sempre que possível, deve ser acompanhada da leitura completa da indicação do texto bíblico.

Os pergaminhos motivacionais revelam pensamentos e atitudes que colaboram para a concretização de aspirações pessoais e do ideal de um mundo melhor. Essa proposta vem ao encontro de uma necessidade de encontrar equilíbrio, paz de espírito e autocontrole em meio a tantas contradições, conflitos e excesso de informação do mundo em que vivemos, além de contribuir para o convívio fraterno e saudável com a família, os colegas de trabalho e de comunidade, a responsabilidade social e a prática dos valores humanos, éticos e cristãos.

25 anos de literatura

Este livro foi escolhido para comemorar o Jubileu de Prata de minha árdua jornada literária, grande parte da qual publicando com a Paulinas Editora, que me projetou no mercado editorial. Com a graça de Deus, com fé em Jesus e guiado pelo Espírito Santo, procuro transmitir a importância dos valores humanos, éticos e cristãos aos inúmeros leitores que apreciam a minha obra literária.

Que Deus abençoe esta nova experiência de fé.

Saudações literárias!

Luizinho Bastos

Pergaminho 1

Mentalize: este pergaminho foi deixado à porta de sua casa ao amanhecer. Ao sair para o trabalho, você o vê e o desenrola. O que estará escrito nele?

Amado irmão, amada irmã em Cristo!
Bom-dia! Nesta manhã,
por alguns instantes
feche os olhos, eleve o pensamento,
agradeça, peça, medite e ore com fé
para que todas as suas obras
se concretizem
no campo das infinitas possibilidades.
Com fé e motivação,
você pode remover montanhas,
cruzar oceanos e desbravar
horizontes desconhecidos

*até o último minuto deste dia único e
abençoado por Deus,
que lhe dará forças para atravessar os desertos
áridos da vida.
Tenha fé e motivação!*

"Não se preocupem com nada, mas em todas as orações peçam a Deus o que vocês precisam e orem sempre com o coração agradecido" (Filipenses 4,6).

Coloque o marcador na página que corresponde ao pergaminho 17, o próximo que você deverá ler, mentalizar e colocar em prática.

PERGAMINHO 2

Escreva ou digite a mensagem deste pergaminho e coloque-a no mural em sua paróquia ou comunidade.

Tenha sempre muita intimidade com Deus.
Converse com Deus, não importa o lugar.
Deus estará lhe ouvindo, abençoando
e guiando seus passos,
seus desejos, seus sonhos,
seus pertences, suas realizações...
Compreenda os sinais que Deus lhe revela
nos fatos que se sucedem
na jornada cotidiana.
Perceba também que o tempo de Deus
é totalmente diferente do nosso.
Converse com Deus...

"Conheço meus projetos sobre vocês – oráculo de Javé – são projetos de felicidade e não de sofrimento, para dar-lhes um futuro e uma esperança. Quando vocês me invocarem, rezarão a mim, e eu os ouvirei" (Jeremias 29,11-12).

Coloque o marcador na página que corresponde ao pergaminho 7, o próximo que você deverá ler, mentalizar e colocar em prática.

PERGAMINHO 3

Imagine: ao retornar do almoço, você encontra sobre sua mesa de trabalho este pergaminho. Qual será a mensagem que ele traz? Abra-o... leia-o atentamente.

Saudações fraternas!
O que seria da sua vida
e dos seus testemunhos,
se você não tivesse esperança e motivação?
Esperar é uma virtude, é ter autoconfiança
em tudo que deseja realizar
e ser bem-sucedido(a).
A verdadeira esperança não ilude,
não blefa os sentimentos,
e mesmo que você seja submetido(a) a
"aguardar longamente"
por uma resposta ou realização pessoal,

*sempre deve manter a esperança e a
motivação no seu íntimo.
Sua esperança é uma virtude intransferível,
a motivação, uma fonte inesgotável.
Esperança e motivação!*

"Que Deus, que nos dá essa esperança, encha vocês de alegria e de paz por meio da fé que vocês têm nele, a fim de que a esperança de vocês aumente pelo poder do Espírito Santo" (Romanos 15,13).

Coloque o marcador na página que corresponde ao pergaminho 12, o próximo que você deverá ler, mentalizar e colocar em prática.

Pergaminho 4

Mentalize: durante uma viagem, dentro de um ônibus, trem ou avião, a poltrona ao seu lado está vazia e sobre ela aparece este pergaminho enrolado. Curiosamente você abre-o para ler o que está escrito. Aprecia, então, uma bela mensagem sobre o amor.

O amor é uma energia,
luz que ilumina os corações humanos,
dom maravilhoso que transcende
de forma incondicional
até mesmo diante de nossas imperfeições,
incertezas e fraquezas.
Você é um "ser de amor",
por isso deve espalhar amor
com motivação em todos os ambientes
e momentos, com palavras e gestos,
do nascer ao pôr do sol.

*Seu amor é fonte de autoestima
e de calor humano para as pessoas
que confiam e precisam de você.
Amor e motivação!*

"Quem ama é paciente e bondoso. Quem ama não é ciumento, nem orgulhoso, nem vaidoso. Quem ama nunca desiste, porém, suporta tudo com fé, esperança e paciência" (1 Coríntios 13,4.7).

Coloque o marcador na página que corresponde ao pergaminho 24, o próximo que você deverá ler, mentalizar e colocar em prática.

PERGAMINHO 5

Leia, reflita a mensagem deste pergaminho com os familiares que convivem no seu lar. Convide-os para uma oração e reflexão.

Não se apegue a bens materiais.
Precisamos tê-los, é verdade.
Entretanto, o amor, a amizade,
a lealdade, a cooperação,
a liberdade, a ética, a responsabilidade social
estão acima de tudo.
Nossas conquistas materiais são complementos
que vêm como acréscimo pelo êxito
em nossos empreendimentos.
Incentive os valores humanos, gere riquezas,
compartilhe seus êxitos.
Agradeça a Deus por tudo que você tem.

"Sei o que é passar necessidade e sei o que é ter fartura. Aprendi o segredo de viver contente em toda e qualquer situação, seja bem alimentado, seja com fome, tendo muito, ou passando necessidade. Tudo posso naquele que me fortalece" (Filipenses 4,12-13).

Coloque o marcador na página que corresponde ao pergaminho 18, o próximo que você deverá ler, mentalizar e colocar em prática.

PERGAMINHO 6

Imagine: você abre seus e-mails e recebe uma mensagem cujo assunto é "pergaminho virtual para você". Ao clicar sobre o arquivo anexo, abre-se esta mensagem sobre a perseverança.

Que a graça de Deus esteja com você!
Se algum problema delicado em sua família
está insuportável,
acalme-se, persevere.
Se um projeto profissional parece estar longe
de ser realizado,
não desista, prossiga, persevere.
Ocorreu uma decepção,
a angústia lhe sufoca o coração.
O medo, a incerteza e a insegurança
lhe impedem de pensar e agir.
Seja perseverante.

*Continue remando seu barco
sobre o mar agitado,
pois com perseverança e motivação
você resistirá
e daqui a pouco prosseguirá em calmaria.
Perseverança e motivação!*

"Confie no Senhor de todo coração e não se apoie na sua própria inteligência. Lembre-se de Deus e, em tudo o que fizer, ele lhe mostrará o caminho certo" (Provérbios 3,5-6).

Coloque o marcador na página que corresponde ao pergaminho 9, o próximo que você deverá ler, mentalizar e colocar em prática.

Pergaminho 7

Imagine: você está caminhando pela praia. De repente avista uma garrafa que flutua sobre a maré. Você corre para pegá-la, percebe que dentro há um pergaminho enrolado. Você abre-o rapidamente. Será um sinal de Deus?

Que a luz do Espírito Santo ilumine
e proteja você!
Todos os dias, em algum momento inusitado,
Deus envia um sinal para compreendermos
suas manifestações e os seus desígnios.
Esses sinais devem ser captados, percebidos,
contemplados, maximizados
e compartilhados
com sabedoria e motivação.
São insights, visões, inspirações,
revelações vindas de sua providência

para colocarmos em prática
na nossa vida cristã.
Ouça a voz do seu coração.
Com sabedoria e motivação, você entenderá
o plano de Deus em sua vida.
Sabedoria e motivação!

"A luz da sabedoria brilha forte e não se apagará; aqueles que a amam a veem facilmente, e quem a procura, acha" (Sabedoria 6,12-13).

Coloque o marcador na página que corresponde ao pergaminho 23, o próximo que você deverá ler, mentalizar e colocar em prática.

PERGAMINHO 8

Confeccione um pergaminho (de preferência em papel reciclado) e nele escreva esta mensagem. Em seguida, espalhe-a de diversas formas pelo bairro e comunidade.

A vida é um cenário de novidades e belezas.
Novidades às quais muitas vezes
não damos importância,
belezas que, devido ao nosso egoísmo,
passam despercebidas.
O novo pode até lhe assustar,
porém não se manifestou
em seu caminho por acaso.
O belo pode lhe parecer uma ilusão,
mas é real diante de seus olhos.
Observe na sua jornada diária
esses sinais de Deus.

"Como são grandes os seus sinais! Como são poderosas as suas maravilhas! O seu reino é um reino eterno; o seu domínio dura de geração em geração" (Daniel 4,3).

Coloque o marcador na página que corresponde ao pergaminho 5, o próximo que você deverá ler, mentalizar e colocar em prática.

Pergaminho 9

Mentalize: você está sentado(a) no banco de uma praça. Aproxima-se uma pessoa desconhecida que lhe cumprimenta e lhe entrega este pergaminho enrolado com uma fita branca. Você o desenrola, a pessoa desconhecida afasta-se e você aprecia em silêncio a mensagem manuscrita.

Saudação fraternal! Graça e paz!
Mantenha a paz de espírito, a tranquilidade
e a delicadeza para aceitar suas limitações,
as pessoas do seu convívio,
a vida com suas contradições e diferenças.
O equilíbrio é muito importante para
amenizar conflitos passageiros
e divergências necessárias
para o seu amadurecimento.
Transforme suas dificuldades
em possibilidades.

*Sinta a presença de Deus,
que já desenhou um belo horizonte à sua frente.
Calma. Aceite. Silencie-se por alguns instantes
e continue firme na sua jornada.
Serenidade e motivação!*

"Tudo neste mundo tem o seu tempo; cada coisa tem a sua ocasião. Há tempo de nascer e tempo de morrer; tempo de plantar e tempo de arrancar; tempo de matar e tempo de curar; tempo de derrubar e tempo de construir" (Eclesiastes 3,1-3).

Coloque o marcador na página que corresponde ao pergaminho 28, o próximo que você deverá ler, mentalizar e colocar em prática.

Pergaminho 10

Envie a mensagem deste pergaminho por e-mail para o máximo possível de pessoas.

Olhe para dentro de si mesmo(a).
Faça uma profunda avaliação.
Perceba detalhes em sua personalidade
e em seu comportamento
que precisam ser mudados.
Tranquilize-se e não tenha nenhum receio,
pois você é um ser humano.
Todo ser humano erra,
tropeça, apanha, fracassa,
mas ergue a cabeça, renasce,
recomeça, encontra forças
dentro de si mesmo, vai à luta,
e se torna uma nova pessoa vencedora,
porque simplesmente decidiu mudar,
reinventar...

"Se alguém está em Cristo, é nova criação. As coisas antigas já passaram; eis que surgiram coisas novas!" (2 Coríntios 5,17).

Coloque o marcador na página que corresponde ao pergaminho 3, o próximo que você deverá ler, mentalizar e colocar em prática.

PERGAMINHO 11

Imagine: você está dentro de uma biblioteca procurando um bom livro para ler. Curiosamente, no meio de tantos livros, você abre a Bíblia Sagrada e acha este pergaminho com uma bela mensagem para entender os desígnios de Deus em sua vida.

Que o manto de Maria, mãe de Jesus,
cubra-o(a) de bênçãos!
Permita-se ser lapidado pelas mãos divinas
e receber toda energia cósmica
que flui do universo.
Diante de uma decisão difícil,
no momento em que precisa
fazer uma escolha,
no exato instante em que deve optar
por um caminho mais seguro e promissor,

concentre-se e coloque toda a energia
que flui no seu ser,
no seu íntimo, na sua mente, no seu coração.
Você tem uma energia forte
como a luz do sol,
irradiante, contagiante,
que espalha bons fluidos
em tudo que deseja realizar.
Acredite! Não desista!
Invista no seu potencial!
Energia e motivação!

"Porém, peçam com fé e não duvidem de modo algum, pois quem duvida é como as ondas do mar que o vento leva de um lado para o outro" (Tiago 1,6).

Coloque o marcador na página que corresponde ao pergaminho 20, o próximo que deverá ler, mentalizar e colocar em prática.

Pergaminho 12

Mentalize: você entra num elevador, não há ninguém, somente você, que repentinamente vê este pergaminho no chão. Você se pergunta: "Um pergaminho?". Por alguns segundos evita pegá-lo, mas uma voz no seu coração pede para abri-lo. "É uma mensagem para mim", conclui.

Que a comunhão do Espírito Santo esteja
com você e sua família!
O bem-estar físico e emocional
deve ser cultivado
numa rotina prazerosa, ocupando o tempo
com atividades saudáveis,
praticando esportes,
caminhando todos os dias
com prazer de viver.
Sua saúde é uma bênção,
uma dádiva de Deus.

É a essência de sua vida, sua respiração,
seus sentidos, seus passos na jornada diária.
Preserve sua saúde, sua autoestima,
o espírito jovem, o coração em constante
estado de rejuvenescimento.
A vida é bela! Viver é bom, é o maior dom.
Ame o próximo e também ame a si mesmo.
Saúde e motivação!

"Ó Senhor Deus, tem compaixão de mim e me dá saúde novamente para que eu dê aos meus inimigos o que merecem! Eles não me vencerão, e assim ficarei sabendo que tu me aprovas" (Salmos 41,11-12).

Coloque o marcador na página que corresponde ao pergaminho 8, o próximo que você deverá ler, mentalizar e colocar em prática.

Pergaminho 13

Imagine: você entra numa igreja para rezar. Ajoelha-se e, após alguns minutos de oração, levanta-se e vê sobre o banco este pergaminho enrolado. Você fecha os olhos, respira fundo e decide abrir e ler o que está escrito. É um conselho...

Paz e amor com as bênçãos de Deus!
Nem sempre as coisas fluem na velocidade
que você deseja.
Isso não significa que esteja agindo errado
ou iludido(a) por uma falsa esperança.
Saiba que a fragilidade, o marasmo e a
ansiedade incomodam a paz de espírito.
Os longos períodos de espera, a pressa indevida,
as oscilações no quadro profissional,
as flutuações da própria existência
nada mais são do que ciclos de aprendizagem
para investir na motivação, na paixão pelo

*curso que escolheu, na dedicação diária
ao empreendimento que iniciou,
focando excelentes resultados, o êxito, o sucesso.
Todas as virtuais barreiras
serão vencidas com garra e otimismo.
Seja sempre uma pessoa otimista!
Caminhe... para a frente... para o alto...
Otimismo e motivação!*

"Estejam sempre alegres, orem sempre e sejam agradecidos a Deus em todas as ocasiões. Isso é o que Deus quer de vocês por estarem unidos a Cristo Jesus" (1 Tessalonicenses 5,16-18).

Coloque o marcador na página que corresponde ao pergaminho 22, o próximo que você deverá ler, mentalizar e colocar em prática.

PERGAMINHO 14

Crie um pergaminho com esta mensagem e distribua-o durante um momento de lazer, numa caminhada, no clube onde você pratica esportes, numa ONG onde se desenvolvem diversas atividades artísticas.

Cultive o hábito da leitura.
Os livros são amigos incondicionais.
Leia um, dois, três, dez, trinta, cem...
todos os livros que quiser e puder.
Leia também a Bíblia Sagrada,
os Evangelhos, os Atos dos Apóstolos.
Frequente uma biblioteca, associe-se a ela.
Desenvolva uma atividade comunitária.
Comece a pintar quadros.
Faça um curso de dança de salão.
Solte sua voz num coral.

Descubra o(a) artista que está oculto(a) em você.
A vida é uma arte!
A arte exalta o dom da vida!

"Há diferentes tipos de dons, mas o Espírito é o mesmo. Há diferentes tipos de ministérios, mas o Senhor é o mesmo. Há diferentes formas de atuação, mas é o mesmo Deus que efetua tudo em todos" (1 Coríntios 12,4-6).

Coloque o marcador na página que corresponde ao pergaminho 21, o próximo que você deverá ler, mentalizar e colocar em prática.

Pergaminho 15

Mentalize: você recebe um telefonema anônimo. Uma voz suave lhe diz que jogaram este pergaminho no jardim de sua casa. Você se surpreende, desconfia e corre em direção ao jardim, e lá está o pergaminho. Nada é por acaso; há uma mensagem escrita especialmente para você.

Paz e bem! Como vai você?
Todo ser humano está sujeito a falhar
e cometer erros em alguma situação
ou com alguma pessoa no trabalho,
na família, na comunidade,
em vários outros espaços e ambientes.
Entretanto, sempre há uma nova
oportunidade de reconciliação.
Reconhecer o erro, perdoar a falha.
Pedir perdão. Perdoar de coração.
Como é maravilhoso reaproximar-se!

Afinal, um abraço de reconciliação
é motivo para recomeçar
a jornada com união,
respeitando e exaltando
os dons e virtudes de cada um.
Sempre haverá tempo de perdoar
e de pedir perdão.
Perdão e motivação!

"Por causa do teu amor, ó Deus, tem misericórdia de mim. Por causa de tua grande compaixão, apaga os meus pecados. Purifica-me de todas as minhas maldades e lava-me do meu pecado" (Salmos 51,3-4).

Coloque o marcador na página que corresponde ao pergaminho 6, o próximo que você deverá ler, mentalizar e colocar em prática.

Pergaminho 16

Faça uma postagem deste pergaminho em sua página nas redes sociais e convide amigos para curtir e compartilhar.

Coloque sua energia positiva
em tudo que fizer.
Arrependa-se apenas do que deixou de fazer.
Você ainda tem tempo e oportunidade
de recomeçar, aprender, concretizar o
objetivo que tanto almeja.
Se for para o bem, faça logo!
Faça parcerias.
Aprenda com os outros,
cresça junto.
Emane vibrações de amor, de paz, de alegria.
Lembre-se sempre de que estamos
aqui de passagem.

A vida é uma fascinante viagem.
Deus tem um plano para você. Seja feliz!

"Em primeiro lugar, busquem o Reino de Deus e a sua justiça, e Deus dará a vocês em acréscimo, todas essas coisas. Portanto, não se preocupem com o dia de amanhã, pois o dia de amanhã terá suas preocupações. Basta a cada dia a própria dificuldade" (Mateus 6,33-34).

Coloque o marcador na página que corresponde ao pergaminho 29, o próximo que você deverá ler, mentalizar e colocar em prática.

Pergaminho 17

Imagine: no dia do seu aniversário, você se reúne com amigos e familiares para celebrar mais um ano de vida. Um dos convidados entrega-lhe este pergaminho. Todos pedem que você o abra e leia a maravilhosa mensagem de fortaleza e motivação.

Que o Espírito Santo lhe inspire todos os dias!
"Vigiai e orai para que não entreis em
tentação" (Mt 26,41).
As coisas do mundo parecem propagandas
convidando-nos a agir por impulso
e sem discernimento.
As coisas de Deus não precisam de
sensacionalismo,
fanatismo ou merchandising.
Pense e aja com inteligência, peça inspiração
divina para usá-la para o bem, sendo

autêntico(a) em seus propósitos éticos e cristãos.
Vigie, questione, ore, canalize as ondas de seus
pensamentos e não tenha medo de optar
pelos caminhos estreitos de Deus.
Eles são verdadeiros e gloriosos.
Inteligência e motivação!

"As tentações que vocês têm de enfrentar são as mesmas que os outros enfrentam; mas Deus cumpre a sua promessa e não deixará que vocês sofram tentações que não têm forças para suportar. Quando uma tentação vier, Deus dará forças a vocês para suportá-la, e assim poderão sair dela" (1 Coríntios 10,13).

Coloque o marcador na página que corresponde ao pergaminho 19, o próximo que você deverá ler, mentalizar e colocar em prática.

PERGAMINHO 18

Crie um pergaminho e escreva esta mensagem. Depois, envie-a pelo correio para uma pessoa muito querida e especial em sua vida.

Viver é uma arte na magia do tempo.
O tempo é um mestre no cenário da vida.
Corpo, mente e espírito sintonizam-se,
interagem através de constantes movimentos
e de breves pausas
em nossas jornadas interiores que se
materializam no mundo externo.
Eis os detalhes que são importantes:
energia, ação, dinâmica, versatilidade,
reflexo, intuição, sensibilidade,
desprendimento, disciplina,
equilíbrio, motivação, perseverança,

desejo de mudança.
Tudo depende de você!

"Confie em Deus e pratique o bem, habite na terra e viva tranquilo. Coloque em Deus o seu prazer, e ele dará o que seu coração deseja. Entregue seu caminho a Deus, nele confie, e ele agirá. Ele manifestará a justiça de você como o amanhecer e seu direito como o meio-dia" (Salmo 37,3-6)

Coloque o marcador na página que corresponde ao pergaminho 26, o próximo que você deverá ler, mentalizar e colocar em prática.

Pergaminho 19

Mentalize: você tem um sonho revelador. Nesse sonho uma linda criança lhe entrega uma flor com este pergaminho. Você respira o aroma da flor, abre o pergaminho e começa a ler... Ao acordar, surpreende-se por conseguir lembrar-se de toda a mensagem ali manuscrita!

Que a paz de Cristo
esteja no seu coração e no seu lar!
Afeto, carinho, ternura... sejamos homens
e mulheres de boa vontade.
Assim como Deus é bom,
seja também um ser humano bom,
sem medir esforços, tempo e espaço
para ouvir, abraçar, proteger, acolher
e praticar o bem, o amor, a paz
com os entes queridos da família, com os

colegas de trabalho, com todas as pessoas
que cruzar em seu caminho.
Faça do seu coração uma casa com cômodos
calorosos de boa vontade
no cumprimento de sua missão.
Benevolência e motivação!

"Não nos cansemos de fazer o bem. Pois, se não desanimarmos, chegará o tempo certo de fazermos a colheita. Portanto, sempre que pudermos, devemos fazer o bem a todos, especialmente aos que fazem parte da nossa família na fé" (Gálatas 6,9-10).

Coloque o marcador na página que corresponde ao pergaminho 13, o próximo que você deverá ler, mentalizar e colocar em prática.

Pergaminho 20

Imagine: na comunidade, você participa de uma dinâmica em grupo. Numa mesa estão diversos pergaminhos fechados. Cada pessoa deverá escolher um com o objetivo de colocar em prática a mensagem nele manuscrita. Chega a sua vez de escolher. Esse é o pergaminho que você escolheu.

Que a paz de Cristo
esteja sempre no seu coração!
Assim como todas as espécies da natureza
vivem em harmonia;
assim como as estrelas brilham
no espaço em sincronia;
assim como os pássaros cantam
na floresta em sintonia;
você jamais conseguirá administrar seus
empreendimentos sozinho(a).

Precisará de colaboração,
cooperação e, de forma recíproca,
de valorizar e investir no potencial humano.
Muitos abraçarão seu ideal e os resultados
serão expressivos com a força da união.
Seja um(a) incentivador(a) de novos talentos,
de fiéis colaboradores, de futuros vencedores.
União e motivação!

"Façam tudo para conservar, por meio da paz que une vocês, a união que o Espírito dá. Há um só corpo, e um só Espírito, e uma só esperança, para a qual Deus chamou vocês (Efésios 4,3-4).

Coloque o marcador na página que corresponde ao pergaminho 11, o próximo que você deverá ler, mentalizar e colocar em prática.

Pergaminho 21

Crie um pergaminho e escreva esta mensagem. Depois envie para algum amigo ou parente que esteja precisando de motivação no trabalho.

Exerça sua profissão com paixão.
Seu trabalho é uma constante aprendizagem,
uma escola de vida.
Desenvolva-o com amor, dedicação,
entusiasmo e paixão.
É a sua fonte de realização pessoal,
de sucesso, de progresso.
Sinta a alegria de colaborar
com a obra de Deus
através da sua profissão, dos seus talentos,
do seu trabalho.
Exerça sua vocação com paixão!

"Confie ao Senhor tudo o que você faz, e os seus planos se realizarão" (Provérbios 16,3).

Coloque o marcador na página que corresponde ao pergaminho 31, o próximo que você deverá ler, mentalizar e colocar em prática.

Pergaminho 22

Mentalize: você caminha de mãos dadas com a pessoa amada por uma trilha ecológica com belas paisagens naturais. Logo avistam um pequeno manancial de águas cristalinas. Vocês se aproximam para lavar o rosto e, entre duas pequenas rochas, encontram este pergaminho. Juntos, curiosos, abrem-no para ler o que está escrito.

Saúdo-o(a) fraternalmente!
Tudo o que você está realizando,
todo o projeto de vida que você idealizou,
com as bênçãos de Deus se concretizará,
e também pela força de vontade,
a determinação,
o permanente foco nos objetivos
e, além de tudo,
a motivação, poderosa capacidade que flui

em sua mente rumo ao sucesso,
ao êxito, à vitória.
Ofereça a Deus todas as suas vitórias,
todos os seus momentos alegres,
e comemore-os com humildade e emoção.
Você lutou, trabalhou, acreditou e venceu.
Deus lhe abençoe!
Vitória e motivação!

"Porque todo filho de Deus pode vencer o mundo. Assim, com a nossa fé conseguimos a vitória sobre o mundo. Quem pode vencer o mundo? Somente aquele que crê que Jesus é o Filho de Deus" (1 João 5,4-5).

Coloque o marcador na página que corresponde ao pergaminho 14, o próximo que você deverá ler, mentalizar e colocar em prática.

Pergaminho 23

Leia a mensagem deste pergaminho num momento de ação de graças, durante uma comemoração com sua família ou para alguém que alcançou uma graça de Deus.

Sua vida é um dom precioso
e deve ser também uma abençoada festa!
Com muito amor no coração,
alegria e motivação, abrace o amanhecer,
respire profundamente o ar puro da manhã
e agradeça a Deus pela energia da vida
que transborda em seus olhos e ao seu redor.
Celebre nos momentos de lazer
o maravilhoso dom de viver.
Compartilhe essa alegria
com seus familiares e amigos!

"O Senhor te abençoe e te guarde. O Senhor faça resplandecer o seu rosto sobre ti e te conceda graça. O Senhor volte para ti o seu rosto e te dê a paz" (Números 6,24-26).

Coloque o marcador na página que corresponde ao pergaminho 27, o próximo que você deverá ler, mentalizar e colocar em prática.

Pergaminho 24

Imagine: você está voltando para casa, à noite, no meio de uma forte tempestade. O guarda-chuva é frágil, quase não suporta o vento e a chuva. Com medo dos trovões e raios, você escorrega, cai e, tentando se levantar, avista este pergaminho totalmente molhado, e uma força misteriosa pede para pegá-lo, abri-lo e ler a mensagem. Logo, a tempestade se acalma...

Que São José, pai de Jesus, interceda
em sua vida e no seu trabalho.
Todos os grandes projetos
idealizados no mundo
foram concretizados graças à ousadia
e à coragem de seus criadores.
Portanto, seja um(a) agente de mudanças
e transformações, inaugure momentos de
conquista, canalize seus ideais,

*filtre seus projetos para compreender
a aparente estabilidade das coisas.
Deus sempre lhe envia um sinal para persistir
e inovar, ponderar e recomeçar,
colher e semear novamente.
O vencedor consegue sorrir
no meio de uma tempestade.
Confie em Deus!
Coragem e motivação!*

"Fiquem alegres e felizes, pois uma grande recompensa está guardada no céu para vocês. Porque foi assim mesmo que perseguiram os profetas que viveram antes de vocês" (Mateus 5,12).

Coloque o marcador na página que corresponde ao pergaminho 15, o próximo que você deverá ler, mentalizar e colocar em prática.

Pergaminho 25

Leia a mensagem deste pergaminho numa reunião, numa reflexão em grupo, num evento corporativo, na sala de aula, com os membros da comunidade.

*As grandes realizações da humanidade
nasceram da imaginação
de pessoas sonhadoras.
A pessoa que não sonha já perdeu
o sentido da vida.
Você tem sonhos?
Então leve a sério todo anseio gerado
em sua imaginação
ou alguma inspiração
que julga ser construtiva
em benefício da humanidade.
Transforme seu sonho em realidade.*

Lute por ele.
Todos os dias, peça orientação,
inspiração e motivação a Deus.
Ele proverá!

"Essa é a confiança que temos diante de Deus, por meio de Cristo. Não que possamos reivindicar qualquer coisa com base em nossos próprios méritos, mas a nossa capacidade vem de Deus. Ele nos capacitou para sermos ministros de uma nova aliança, não da letra, mas do Espírito; pois a letra mata, mas o Espírito vivifica" (2 Coríntios 3,4-6).

Coloque o marcador na página que corresponde ao pergaminho 16, o próximo que você deverá ler, mentalizar e colocar em prática.

Pergaminho 26

Mentalize: você chega em casa, abre a "caixinha do correio" e encontra este pergaminho fechado, sem remetente, sem nenhuma informação sobre sua procedência. Quem o entregou? O carteiro? Parece conter uma mensagem muito especial...

Que a paz do Senhor Jesus Cristo
permaneça em você!
Os anseios que brotam em sua mente,
os desejos que agitam o seu coração
e a expectativa de que tudo dê certo
são folhas de sua árvore com raízes profundas
que fortalecem a sua caminhada.
É preciso manter a paz de espírito
para alcançar a cura,
a paz no coração para ser feliz
com a pessoa amada,

*a paz em sintonia com a motivação
para contemplar um longo tempo de colheita,
inaugurando um novo momento de conquista.
Ofereça sua paz e sua motivação a Deus,
louvando-o e aceitando a sua vontade.
Paz e motivação!*

"Deixo com vocês a paz. É a minha paz que eu lhes dou; não lhes dou a paz como o mundo a dá, nem fiquem aflitos, nem tenham medo" (João 14,27).

Coloque o marcador na página que corresponde ao pergaminho 25, o próximo que você deverá ler, mentalizar e colocar em prática.

PERGAMINHO 27

Mentalize: você está numa bonita chácara e com o celular começa a fotografar as inúmeras árvores e os passarinhos. Horas depois, em uma das fotos você observa um ninho abandonado e, nele, um pergaminho. Você volta ao local e consegue achá-lo no mesmo ninho fotografado. Quem colocou este pergaminho no ninho? Um passarinho?...

Que a paz esteja em seu coração!
Próximo ou distante de você, sempre existe
alguém que necessita de uma palavra amiga,
de um abraço caloroso, de apoio,
de ajuda, de um gesto fraterno.
Chegou o momento de entrar em comunhão
com atitudes, pensamentos,
necessidades e causas do próximo.

Seja solidário(a) e ao mesmo tempo espalhe a energia da motivação, apontando caminhos de uma vida nova com realizações felizes. Faça o bem sem se importar a quem. É uma nobre troca de energias sob as bênçãos de Deus. Solidariedade e motivação!

"Continuem a amar uns aos outros como irmãos em Cristo. Não deixem de receber bem aqueles que vêm à casa de vocês, pois, alguns que foram hospitaleiros, receberam anjos sem saber" (Hebreus 13,1-2).

Coloque o marcador na página que corresponde ao pergaminho 30, o próximo que você deverá ler, mentalizar e colocar em prática.

Pergaminho 28

Imagine: alguém esqueceu uma bolsa no assento do metrô com documentos, cartões de crédito, objetos pessoais e, curiosamente, um pergaminho enrolado numa fita azul. Por telefone, você localiza a pessoa para devolver-lhe a bolsa. Ao encontrá-la no local combinado, essa pessoa lhe agradece e lhe dá de presente este pergaminho. Você pergunta por quê? E lê a resposta...

Paz de Cristo!

Doe sentimentos. Doe gentilezas.

Doe cortesias. Doe elogios.

Doe palavras de vida. Doe emoções.

Doe sementes.

Doe o silêncio da alma.

Doe o pulsar do coração.

Doe horas, minutos, segundos.

Doe livros, poemas, canções.

Doe noites estreladas.
Doe manhãs de primavera.
Doe pores do sol no outono.
Doe muito calor no frio.
Doe sensibilidade. Doe liberdade.
Doe o que você não tem.
Doe com amor tudo que seja para o bem.
Doe sorrisos e lágrimas alegres.
Doe o que não dói, o que constrói.
Doe paz. Seja um(a) doador(a) universal.
Seja feliz e doe essa felicidade!
Doação e motivação!

"Quem é generoso, progride na vida; quem ajuda, será ajudado" (Provérbios 11,25).

Coloque o marcador na página que corresponde ao pergaminho 2, o próximo que você deverá ler, mentalizar e colocar em prática.

Pergaminho 29

Crie um pergaminho com o material que preferir, escreva esta mensagem e entregue para uma ou várias pessoas que estejam passando por dificuldades, problemas de saúde, desemprego ou outras situações de provação.

Reze. Ore. Nos momentos de prece,
você sente o calor paterno
da presença de Deus.
É gratificante viver sob a proteção de Deus.
Coloque nas mãos de Deus suas aspirações,
seus projetos, suas dúvidas, suas dificuldades.
Ele será seu mestre,
sua luz no caminho da felicidade e do bem.
Ore todos os dias.
Reze em qualquer lugar que você esteja.

Sinta a paz, o amor, a presença de Deus em todos os momentos de sua vida.

"Vocês devem rezar assim: Pai Nosso que estás no céu, santificado seja o teu nome; venha o teu reino, seja feita a tua vontade, assim na terra como no céu. Dá-nos hoje o pão nosso de cada dia. Perdoa as nossas dívidas, assim como nós perdoamos aos nossos devedores. E não nos deixeis cair em tentação, mas livra-nos do mal" (Mateus 6,9-13).

Coloque o marcador na página que corresponde ao pergaminho 4, o próximo que você deverá ler, mentalizar e colocar em prática.

Pergaminho 30

Exponha a mensagem deste pergaminho na paróquia, na comunidade, no centro cultural, na escola, na universidade, na empresa, em diversos locais e ambientes onde várias pessoas circulam.

Você já visitou um orfanato?
Um abrigo de idosos?
Reflita sobre isso,
programe-se e convide alguém
para unir-se com você
e compartilhar esse ato de amor.
Crianças abandonadas e sem família,
idosos esquecidos e solitários
precisam muito de carinho,
de solidariedade, de uma visita
para confortá-los na fé,
na esperança e no amor.

"Assim também é a fé: sem as obras ela está completamente morta" (Tiago 2,17).

Coloque o marcador na página que corresponde ao pergaminho 1, o próximo que você deverá ler, mentalizar e colocar em prática.

Pergaminho 31

Imagine: alguém especial em sua vida entra em uma Livraria Paulinas, escolhe este livro para comprar com a intenção de presenteá-lo(a). Você o ganha de presente e, na dedicatória, a pessoa pede que comece a lê-lo pelo pergaminho 31 – exatamente este. O que será que está escrito nele? Qual o tema designado a você nesta mensagem? Após lê-la, você está convidado(a) a apreciar e refletir sobre todos os pergaminhos. Que Deus lhe abençoe!

Que Deus lhe conceda
dias maravilhosos e felizes!
Fé. Esperança. Amor. Perseverança.
Paz. Sabedoria. Serenidade.
Energia. Saúde. Otimismo.
Perdão. Inteligência. Benevolência.
União. Vitória. Coragem.

*Solidariedade. Doação. Gratidão.
Agora é a sua vez. Escolha uma palavra
positiva, motivadora,
que tenha uma grande importância na
realização de seus sonhos,
na administração de seus empreendimentos,
na sua escolha profissional,
no seu relacionamento social, no seu caráter,
na sua formação cristã, na sua família,
na sua caminhada durante estes anos.
Você vai decidir qual é a palavra
deste pergaminho
que será complementada com a palavra
e o dom da "motivação".
Reze o Pai-Nosso, a Ave-Maria,
siga em paz com as bênçãos de Deus!
.... e motivação!*

"Ó Senhor Deus, como é bom dar-te graças! Como é bom cantar hinos em tua honra, ó Altíssimo! Como é bom anunciar de manhã o teu amor, e de noite, a tua fidelidade" (Salmos 92,1-3).

Coloque o marcador na página que corresponde ao pergaminho 10, o próximo que você deverá ler, mentalizar e colocar em prática.

Salmo

Tu és nosso Deus, Javé!

Tu estás comigo em qualquer momento,
o meu pensamento sempre sondarás.
Se pelas trevas ando sozinho,
nesse meu caminho ao meu lado estás.
Quanto tecido no seio materno,
teu amor eterno me fez nascer.
Mesmo que esteja num esconderijo,
eu te regozijo. Em tu, meu Deus,
eu posso crer.
Senhor, tu sabes da minha fraqueza,
da incerteza de querer lutar.
A minha fé às vezes se abala,
minha voz se cala sem denunciar.

Mas tu me inspiras sendo uma fonte,
me faz ser uma ponte para poder unir.
Dá-me, ó Deus, um coração aberto
e nesse deserto nunca sucumbir.
Tu és o sol, tu és luar profundo,
criador do mundo, Pai celestial.
Nenhuma folha cai sem sua vontade
e pela eternidade és o Deus real.
Se estou preso, tu vens, me liberta,
com palavras certas me envia em oração.
Faze de mim um instrumento forte
para vencer a morte com a minha missão.
Se pelo mundo reinam escuras ilhas,
tuas maravilhas vem iluminar.
Se os poderosos fazem más manobras,
somente tuas obras podem triunfar.
Senhor, eu quero realizar façanhas,
remover montanhas, combater o mal.

*Infunde em mim a sabedoria,
é minha utopia a paz universal.
Do pó da terra eu vim.
Ao pó da terra voltarei.
Na luz da minha fé, tu, ó Deus Javé,
testemunharei.
Do pó da terra eu vim.
Ao pó da terra voltarei.
Junto com meu povo, a paz de um mundo
novo, anunciarei.*
TU ÉS NOSSO DEUS, JAVÉ!

AGRADECIMENTO

*Agradeço a Deus pela graça de comemorar
25 anos de literatura e por todos os livros
publicados até este momento especial
em minha carreira literária.
Agradeço à Paulinas Editora,
que me projetou no mercado editorial.
Agradeço a meus leitores,
a amigos e familiares
que acompanham e prestigiam
todos os meus títulos publicados.
Agradeço a Jesus e a Nossa Senhora
pela proteção e intercessão
em todos os dias da minha vida.
De coração, emocionado, feliz, agradeço
pelo dom de escrever e fazer as pessoas felizes.*

Impresso na gráfica da
Pia Sociedade Filhas de São Paulo
Via Raposo Tavares, km 19,145
05577-300 - São Paulo, SP - Brasil - 2015